꽃뱀, 꿀을 나르다

구신자 첫 시집

꽃뱀, 굴을 나오다

초판인쇄 2020년 5월 20일
초판발행 2020년 6월 1일

지은이_ 구신자
발행인_ 이현자
발행처_ 도서출판 현자

등　록_ 제 2-1884호 (1994.12.26)
주　소_ (우)04550 서울시 중구 수표로 50-1(을지로3가, 4층)
전　화_ (02) 2278-4239
팩　스_ (02) 2278-4286
E-mail_001hyunja@hanmail.net

값 10,000원

ISBN 978-89-94820-59-0 03810

이 도서의 국립중앙도서관 출판예정도서목록(CIP)은 서지정보유통지원시스템 홈페이지(http://seoji.nl.go.kr)와 국가자료종합목록 구축시스템(http://kolis-net.nl.go.kr)에서 이용하실 수 있습니다.(CIP제어번호 : CIP2020019738)

첫 시집

꽃뱀, 굴을 나오다

구신자

도서출판 현자

시인의 말

나이 예순이 넘어서야
겨우 조그만 창 하나를 내었다
내 창으로 내다보이는 뜨락엔
무슨 꽃이 피고 있을까
내 안을 들여다보는 게 두려워
창을 내지 못하다가
용기를 내고 나니
가볍고 홀가분한 심정이다
내 시가 구태여
밥이 되지 않아도 좋으니
지나친 욕심은 아니겠지.
창가에 따스한 햇살이 찾아와
이야기꽃 도란도란 피어나면
사랑하는 이들 모두 모여
축배를 들고 싶다

2020년 5월에

구신자

차례

1부

2부

차례

3부

4부

5부

6부

차례

7부

꽃뱀, 꿀을 나르다

1부

- 꽃뱀, 굴을 나오다
- 할머니의 초상肖像
- 봄꽃, 트럼펫을 불다
- 청둥오리떼 보고 싶다
- 칡이란 놈
- 어느 농성
- 돌성리 낚시터에 봄을 훔치다
- 행운목, 꽃이 피다
- 호박꽃은 고향을 품고 핀다
- 봄이 진다
- 쐐기풀은 폭군이다
- 삶은

꽃뱀, 굴을 나오다

아침햇살에 활짝 핀 호박꽃을 친구하던
어린 아이는 어른이 되어
작은 굴을 파고, 꼭 닮은 아이 둘을 낳고
바깥세상은 궁금해 하지도 못하고
빠져나올 궁리도 없고
아이들은 호기심이 자라서
세상 밖으로 튕겨 나가고
넓어진 굴에 덩그러니 남아
내가 누구인지도 모르고
어두운 굴이 우연히 무너져
환한 한 줄기 빛이 새어 들어온 날
드디어 세상 밖이 궁금한 나는
굴을 나오게 된다
독도 없이 무늬만 고운 꽃뱀이었어라
알록달록 고운 꽃무늬 원피스를 입고
춤추는 듯 까치발을 하고 날고 있지만,
한사코 땅에 붙어 기어 다니고 말지

뱀은 굴을 나와야 제 길이를 안다지만,
길가에서 사람들이 알아듣지 못하는 말로
꽃뱀에 대하여 수군거린다
나는 그저 웃고 있다.

할머니의 초상肖像

어려서 어머니를 잃은 아버지는
사진 속에조차 남아 있지 않은
어머니를 닮았음에 분명하다.
할머니의 우성인자는 아버지를 거쳐
내 모습의 근원이 되고
나는 할머니의 초상이 되었으리라.
날 닮은 아들은 저 닮은 딸아이를 두었는데
그 날 닮은 손녀는 총명하여
어려운 율동도 쉽게 익혀 재롱을 잘 떤다.
참 다행한 일이다.
내 할머니는 내 아버지를
내 아들을 거쳐 내 손녀의 모습으로
대하소설의 주인공으로 환생하신 것 같다.
검은 머리와 작은 눈이지만
조금 짧은 키는 적당히 높여도 되고
통통한 다리는 바지 속에 감춰도 좋고
할머니의 할머니를 닮은 나는
괜찮은 여인으로 포장하여
날 닮은 귀여운 손녀의 할머니로 산다.

봄꽃, 트럼펫을 불다

남에서 바람이 마술을 걸어
꽁꽁 언 땅이 녹고
새싹은 하늘 보고 싶어 고개를 들고
봄꽃들 일제히 함성을 지르며
축제를 알린다.
나뭇가지엔 꽃인지, 잎인지
봉긋한 소녀의 젖가슴처럼
수줍게 부풀어 오르다가
드디어 오늘
꽃으로 잎으로 터져 나온다.
이름을 다 알지는 못하지만
산에도 들에도
그 많은 봄꽃은 다 사랑스럽다.
춥고 긴 겨울을 함께 지내고
자랑스럽게 봄을 맞는 까닭이다.
봄꽃, 트럼펫을 불고
나는 볼 빨간 덩실 춤을 춘다.

청둥오리떼 보고 싶다

올해는 북녘 소식을 못 들으려나.
북에 두고 온 형제자매는 없지만
경계를 허물고 날아온 청둥오리떼가 보이지 않는다.
추수 끝난 들판은 덩달아 빈 마음으로 춥고
청둥오리떼라도 만난다면 덜하련만.
들판은 공룡소리 내던 포클레인이 휴식 중이고
덤프트럭이 부려놓은 흙더미는 산처럼 쌓이고
쌀밥보다 더 배부른 무엇이 자리할 모양이다.
도무지 방해할 마음 없이 가만가만 걸어도
귀 밝은 보초병을 세웠는지 금방 알아채고
무리를 깨워 일제히 날아오르다가
이 마음을 알아채곤, 다시 선회하여
떨어진 알곡을 쪼던 청둥오리떼, 올겨울 춥고
고픈 배는 어디서 채우고 있는지.
늙은 농부는 휘어진 등뼈와 쭈그러진 배를
이겨내지 못하고, 농지에 도장을 찍었나 보다.
머지않아 얼룩진 수로에 선 하얀 황새는 또,

그 긴 다리를 꼬고 얼마나 배고파 울까.
꼭 이맘때
철조망도 두렵지 않은 청둥오리떼 보고 싶다.

칡이란 놈

어릴 적 칡뿌리의 달큼한 맛에
칡꽃을 보면 반가운 미소가 번졌었는데,
어쩌다 나이가 들게 되어 보니
넌 어쩜 그렇게 못된 놈이었단 말인가.
이제부터 난 칡즙을 안 마실 테야.
여름 숲에 가면
누구든 네 행실을 깡패라 부르리라.
곁에 있는 이를 누르고, 감고, 올라타고
햇님 사랑을 독차지하려는
욕심보가 너무 큰 너는
욕심쟁이, 심술쟁이.
오늘도 숲길을 걸으며
네 뺨을 한 대 후려치고 싶은 나는
애써 외면하고 걷는 비겁을 택했단다.
네가 불의로 모은 달큼 씁쓸한 유혹
내 그림자가 흔들린다

어느 농성

유월 단오인데, 여름 날씨 같다.
며칠 전부터 포클레인이
큰 슈퍼마켓 주차장 마당을 넓히고 있다.
주차장이 넓으면 편리하겠거니
오늘 보니 웬일인가.
하얀 꽃을 뒤덮어 쓴 밤나무 한 그루
외로이 주택 뒷마당에서 농성을 하고 있다.
주인을 대신하여 하얀 피켓을 들고
여름 같은 더위에 홀로 집을 지켜내고 있다.
앞뒤 옆집 다 파헤쳐지고
이웃은 다 뿔뿔이 떠나고 없다.
알밤같이 튼실한 손자 태어나던 날
할아버지가 뒤뜰에 심어놓은 밤나무 한 그루
금방 밑동을 파고들 것 같은 포클레인 소리에도
끄떡없이 잘 버티고 서서
올해도 알밤을 많이 달아
손자들 작은 입에 쏙 들어앉을 생각에
밤꽃은 땀을 비죽이며 시위를 하고 있다.

돌성리 낚시터에 봄을 훔치다

혈구산 아래 진강산이 바라보이는 아늑한 저수지
반쯤 얼어붙은 물속에는
소나무 속살처럼 속이 붉은 송어가 산다.
차가운 얼음판 위에서는 목이 긴 낚시꾼 가마우지
물고 도망치다가 놓친 송어를 사이에 두고
낯선 이방인 갈매기 한 마리
뺏기지 않으려는 자와 뺏으려는 자
한참을 대치 중이다.
싸움 구경은 은근히 두근거리는 재미가 있다.
심심해진 바람은 물 위를 빙글빙글 돌다가
낚시터의 터줏대감
멋진 수양버들 물오른 연둣빛 가지 위에 걸터앉아
개구쟁이처럼 생글거리고
산 중턱 마른 참나무 숲에도 청회색 생기가 돈다.
무궁화 꽃이 피었습니다.
술래가 눈감은 사이 낚시터까지 살금살금 내려온 봄볕은
누렁이랑 야옹이랑 뒹굴며 놀다가
언 저수지를 한 바퀴 휘돌아 나온

찬바람 한 줄기에 쫓겨 아랫마을로 줄행랑을 친다.
양지쪽엔 강태공은 보이지 않고
봄볕을 훔치려고 열중인 화가들만 여럿이다

행운목, 꽃이 피다

누굴까.
엊그제부터 베란다에 나서면
진한 향기로 말을 거는 이가 있다.
손바닥만 한 진분홍 꽃, 봄을 전하는 철쭉꽃인가.
두 개의 꽃대를 올리고 피어오른 동양란의 그윽함인가.
아무리 둘러보아도
그도 저도 아닌 것이 고개를 갸웃거리게 한다.
누가 향수를 뿌린 걸까.
아무래도 인공으로 합성된 향기는 아닌 듯하다.
며칠 잊어버리고 있는데,
베란다에 나가 서성이다 보면 어김없이 코를 자극하는
기분 좋은 향기에 알 수 없는 마법으로 어리둥절하다.
얼핏, 서재에서 내다본
창가에 서 있는 행운목에 시선이 멈추고
목을 길게 빼고 하얀 꽃을 여러 겹으로 뭉쳐
뭉텅이로 피워낸 향기의 주인공을 발견했다.
너였구나.
키를 잘라내고 구석으로 밀어두었던 네가

그토록 간절한 향기로 나를 부르고 있었구나.
십 년의 세월을 그저 창가에 세워두고 물만 주었는데
햇볕이 도와 꽃을 피워내어 보답을 하는구나.
고맙다. 정말 고맙다.
내가 준 사랑보다 몇 곱은 더 많이
너는 한량없는 선물을 준비했구나.

호박꽃은 고향을 품고 핀다

어려서 좋아하던 꽃은
아침 이슬 먹은 호박꽃이다.
내게 고향은
늘 노란 호박꽃을 품고 산다.
눈부신 아침에 새로 핀
새끼 호박 달린 호박꽃은
새로 만난 친구처럼 신비로워
작은 가슴이 뛰었었지.
호박꽃을 찾아온 하얀 나비는
텃밭에 피어난 오이꽃
가지꽃, 감자꽃을 넘나들다
어스름 지붕 위에 올라앉은
하얀 박꽃에 숨어 잠이 들곤 했지.
어쩌다가 숨어 피어난 호박꽃은
어느 날 누런 호박이 되어
할머니의 가슴에
횡재로 안겨 들어오곤 했었지.
오늘도 꿈속에선
노란 호박꽃이 새로이 핀다.

봄이 진다

활짝 핀 벚꽃은
훌훌 함께 웃자하네.
운명처럼 세찬 바람 한 줄기
꽃가지 흔들어대면
나를 대신하여 네가 울고 있는가.
하얀 꽃비로 내려앉아
눈물처럼 가엾다.
벚꽃길 위에 번진 건
꽃물이든, 눈물이든
봄은
하얀 눈물처럼 서럽게 진다.

쐐기풀은 폭군이다

제 잘난 멋으로 남을 괴롭히며
인생이 홀로 즐거운
풀밭에 폭군이다.
언덕길에 하얀 꽃핀 후박나무
얌체 쐐기풀이 휘감아
검게 말라버린 잎사귀는
신음조차 희미하다.
길섶에 가여운 하얀 개망초
깡패 쐐기풀이 기어올라
몸을 가누기조차 힘겹다.
하늘을 독차지한 쐐기풀
작고 못생긴 꽃을 달고
눈여겨 주는 이 없이도
제멋대로 당당하다.
심기가 불편한 누군가는
시퍼런 낫을 휘둘러 심판하고
댕강댕강 잘려나간 쐐기풀이 뒹군다.
속이 시원하다.

삶은

행복한 날이 오거든
행복하게 사십시오.

행여 불행한 날이 오거든
또한
행복했던 날처럼 사십시오.

삶은
무조건 행복해야 하니까요

2부

자화상

나는 말총머리, 고집이 센 편이다.
자기주장이 강하고
오지랖이 넓어
헛수고인 줄 알면서도
남의 일에 조언도 많이 한다.
그렇다고
어떤 일에 독선적이지는 않다.
누이 좋고 매부 좋고 식으로
서로 상생의 길을 찾는다.
나는 적당히 까칠하여
혼자 있는 것을 즐긴다.
이마가 좁고, 눈이 작아서인지
통 크게 남을 이해하지 못해서인지
상처도 많이 받는 편이다.
순진하달까.
순수하달까.
아무튼 남의 입장을 먼저

생각하는 버릇이 있어
손해 보는 편이 많다.
고백하건대, 나는 내가 별로
자랑스럽지 못하다.
부족함이 많은 사람인데도
곁을 떠나지 않고 지켜주는
사람들에게 고마움을 전한다.

최말다 여사님

올해아흔셋말다여사님은구부정한허리를미사가방을뒷짐으로허리를펴고걷는다열살이나아래인친구겸동네동생수산나와버스를타러간다고환하게웃으신다마침남편이현직에있을때처럼바쁜일이없어모셔다드리기로했다열성팬이셨다며멀리서짝사랑만하던여사님들오늘은기적같은인연으로운수좋은일이생겼다고싱글벙글하신다집근처맛있는함바식당에서점심대접하신다고한사코속바지에아껴두었던비상금일금오만원짜리를꺼내신다소주한잔을곁드리고식사를하다조심스레가족얘기를꺼내니딸다섯에아들하나두고남편은젊어서속썩이다가신지사십년이넘었고아들은소식이끊어진지이십년이넘었다고남편도없는집을지키는착한며느리와단둘이산다고하신다아마말다여사님이더착해서떠나보내지못하는것일게다가슴에아픈사연을담고얼마나많은기도에힘입어살아왔을까예수님은말다여사님의사연을듣고또얼마나가슴이아팠을까이승을떠나기전에아들을만날수나있을까소식이나들을수있을까가슴이먹먹해온다말다여사님처럼맑고넓은호수같은사랑을확인하는날은현실이주는

혼돈되고허망한마음을위로받고산다그다음주우연처럼
바로앞자리에앉은말다여사님이더환해보였다멀리대구
에사는딸이왔다고소개하시며오늘떠난다는말씀을덧붙
이시는얼굴엔아쉬운이별이스친다생전에또만날좋은날
이남아있을까예수님만아시는애매한걱정을내가한다.

경계선

너와 나
경계선을 긋고 사는 것은 아닌지.
보이지 않아 마음을 들킬 일이 없어
서로 약속하게 얼굴 붉힐 일은 없지만.

산과 산
경계선을 긋고 살았던 적이 있었던가.
요 며칠 포클레인이 성난 사자처럼 왕왕거리더니
평소 다니던 등산로에
경계 울타리를 치고 돌아가라고 명령한다.
여기서부터는 내 땅,
당신들은 밟지 마시오.
산과 산 사이에 울타리로 덫을 치고
누구든 걸리기만 해보라고 으름장을 논다.

산과 산 사이
자꾸만 유치한 경계선은 늘어가고

어릴 적 책상 위에 넘어오지 말라며
줄긋기도 성이 안 차서
칼로 파놓은 야속한 경계선처럼
평화로운 오후
눈이 아리고, 씁쓸한 게 입안에 돈다.

목욕탕 사람들

목욕탕은 언제나 따뜻한 자유다.
몸을 내맡기고 싶게 하는 매력이 있어
몸매가 뚱뚱하거나 마르거나 망설임 없이
사람들은 옷을 벗는다.
좋은 옷이나 허름한 옷이나
보석이 많거나 넓은 집에 살거나 물어보지 않아
부당한 대우가 없다.
온탕에 목까지 몸을 담그면 스멀스멀 올라오는 자유.
인간이 그처럼 갈구하는 달콤한 자유다.
탕 밖을 훔쳐보면 참 생각이 많아진다.
두 다리가 몸통을 가누기조차 힘든 살덩어리를 달고
뒤뚱거리는 모습이 가엾다.
구십도 굽은 등, 깡마른 두 다리, 옹이처럼 남은 수술자국,
축 처진 뱃살을 훈장처럼 내보인다.
눈이 멈추는 곳은 젊은 여인이다.
젊다는 것은 아름다움 그 자체인 것을
나이라는 것은 속으로만 낡지 않고

겉까지 따라 낡아버린다.
벗어보면 모두 별 거 아닌 것을
별 게 아닌 게 싫어 별 거로 살고 싶은 게 아닌가.
목욕탕에서 나온 하늘은 더 높아 보이고
다시 슬금슬금 별 거로 살고 싶은 욕망이 기어 나온다.
별 거로 살고 싶은 안달이 목구멍까지 차오르면
다시 목욕탕에서 묵은 때를 박박 문지르고 있겠다.

섬에는 그리움이 산다

섬에 가면 또, 섬이 보인다.
섬에는 늘 그리움이 살고 있어
오늘도 나는 시원한 바닷바람에
산들거리는 노란 아이리스가 있는
그 섬에 간다.
그 섬에 닿아도, 닿아도
그리움은 잡히지 않는 파랑새처럼
먼데 섬으로 날아가 버린다.
그 먼 데 섬에 사는 그리움을 쫓아
또, 그 먼데 섬을 간다.
오늘도 그리움은 나를 뒤로 하고
자꾸만 먼 데 섬으로 줄행랑을 친다

벌거벗은 나무들

눈발 속에 서 있는 겨울나무들
하얀 순수
하얀 경건이다.
화장기 없는 얼굴
허영과 사치의 잎사귀를 떨구고
진실한 심장만이
차가운 시련을 이겨내는 무기인 것을
진작 깨달은 게지.
주눅 들지 않고
하늘 향해 쭉쭉 뻗어 오른 가지들
깊은 뿌리에서 올라오는 당당함이다.
오직 순수만 품고 서 있는
봄꽃보다 더 찬란한 경건으로
저 벌거벗은 나무들이 눈부시다.

가을 산에 올라보니

가을 산은 오색이다.
봄 산은 온통 연두였는데,

빨강 단풍잎만 있다면
노랑 은행잎만 있다면
초록 소나무가 없었다면
갈색 참나무가 없었다면
저 가을 산이 멋지다고 노래할 수는 없지.

중년을 훌쩍 넘고 보니
그 소꿉친구들 보고 싶다.
본디, 우리는 같은 코흘리개였는데
우리는 봄 산의 같은 연두였는데
이제 가을 산에 올라보니
나는 빨강 화가가 되고
너는 초록 의사가 되고
그 애는 노랑 선생님이 되었구나.

빨강 화가만 있다면
초록 의사만 있다면
노랑 선생님이 없었다면
보고 싶은 네가 없었다면
이 세상 살 만하다고 노래할 수는 없지.

종묘상 앞에서

봄비가 짓궂은 바람을 동행한다.
봄바람이라선지
매서운 살기는 없지만
비 그친 오후
아직 바람은 잦아들지 않았는데
성급한 농부는 읍내 종묘상을 기웃거린다.

종묘상 앞 좁은 양지에
줄지어 내다놓은 묘판 상자들
오이, 토마토, 상추, 옥수수, 가지, 호박
어린 모습이 비슷비슷 구별이 어렵고
봄 소풍 나온 아이들 같다.

오이 모종 자라서 오이 열리고
토마토 모종 자라서 토마토 열리는 것을
오이 모종, 토마토 모종 구별이 어려운
봄바람에 가슴 설레는 초보 농부는

오이 모종 심고서
빨간 토마토 익어가길 기도하지는 않을까.

아이들 키우면서
욕심부려보던 날이 있었지.
초보 농부처럼 모종을 알아보지 못하고.

꽃과 나비와 나

꽃과 나비와 나는 삼각관계다.

꽃은 나비를 그리워하고
나는 꽃을 그리워한다.
나비는 꽃이 그리운 건지, 내가 그리운 건지.
나는 오늘도 꽃밭에 앉아
붉은 양귀비꽃을 조용히 바라본다.
그리움의 끝에 서면
금새 눈물이 날 것 같다.

어디서 왔는지
근원을 알 수 없는 하얀 나비
꽃을 찾아온 건지, 나를 찾아온 건지.
얌전히 맴돌다 그냥 간다.
저기 하얀 나비
그리움의 끝에 서서
금세 눈물이 날 것 같은가 보다.

돌솥비빔밥

지글지글 돌솥비빔밥
밥 위에 얹은 오색 나물은
초여름 마당가에
색스런 채송화로 피어나고
계란 노른자로
노란 꽃심을 박고
갓 짠 참기름 한 방울 떨어뜨려
고소한 향기를 내면
입 안 가득
성급한 침이 감돌아
붉은 고추장 한 술 얹어 비비면
아쉽게도 그만
고운 꽃은 지고 만다.
돌솥비빔밥 한 그릇에 새로 피어난
도란도란 이야기꽃
마주앉은 얼굴에는
채송화 꽃보다 더 고운
함박 웃음꽃이 피어난다.

미라가 된 소나무

차가운 달빛 아래 검은 그림자 품고
바람조차 쉬어갈 잎새 하나 없이
신비로운 자태를 뿜어내며
삶도 죽음도 없는 세상에서
영면하는 소나무 한 그루
검은 뼈다귀를 드러내고 부활하여
건평 앞바다가 내려다보이는
산토리니 카페 앞에 당당히 서서
그 빛을 잃지 않고 고고하다.
삼천 년 전의 미라를 만난 듯
경건한 고개 숙임으로
그대 살아온 세월을 더듬어
뼈만 남은 가지 위에 살을 얹어 그려본다.
살아서도 그대는 찬란한 왕관을 쓰고
만인에게 위안이었으리라.

쑥(艾)

먼 옛날 사천 년 전
웅녀가 쑥과 마늘로 백일을 버텨
비로소 인간이 되어
단군왕검을 낳았다네.
어린 손자가 쑥떡을 좋아하는 게
단군의 후예임에 틀림없나 보다.

나는 유년의 초저녁 멍석에 누워
메케하고 알싸한 연기를 맞으며
북두칠성을 찾아가 잠이 들고
아버지는 젖은 쑥을 태우며
모기를 쫓아내고 있다.

—

3부

—

앙금으로 가라앉아

팥죽이 먹고 싶어
팥을 삶아 앙금을 냈다.
앙금이 조용히 가라앉으면
윗물은 분리되고
아래로 가라앉는 미세한 알갱이들
다시 분열이 일어난다.
용서한다고
이해한다고
화해한다고
없었던 일로 하자고
조용해진 밤이면
다시 앙금으로 가라앉는 알갱이들
팥죽으로 되기 전엔
수없이 중얼거려도
다시 앙금으로 남고
팥죽이 되기 전에는
얼굴을 마주 보고

팥죽을 먹기 전에는
앙금으로 씹힐 뿐이다.
없었던 일이 되지 못하고
팥죽은 이미
어릴 적 먹던 그 맛이 아니었다.

바다

네 그리움이 철썩이면
내 그리움은 뒤척이고
맨발로, 맨발로.

네 그리움이
내 그리움을 받아 안고
처얼썩, 처얼썩.

그리움에 엉킨 가슴일랑
예다 풀고 가라고
쏴아아, 쏴아아.

바람은 카멜레온

봄에는
여인의 꽃무늬 스카프 자락을 나풀거리던
여름엔
거친 심술을 부리다가도
산과 강, 바닷가에서
해와 달과 비와 조용한 휴가를 즐기던
가을엔
황금 들판을 가로질러
길가 가녀린 코스모스를 짓궂게 흔들어대던
겨울엔
사나운 칼바람으로 몰아치다가
함박눈 손잡고 사뿐 너울춤을 추던
바람은 카멜레온
모습은 감추고, 잎새만 종일 흔들던 개구쟁이
손을 내밀면 망설이지 않고
스치듯 다정히 손을 잡는다.

국화호수에서

봄바람이 조용한 파문으로
수면에 살포시 내려앉아
싱그럽고 부드러운 음성으로
호숫가에 발 담그고 피어난
버들강아지를 노래하고
삐이삐 버들피리 불던 아이
먼 데 서서 그립다.

청둥오리들 쌍쌍이 내려와
미끄러지듯 왈츠를 추고
회색 재두루미는 물살을 차고 올라
제 날씬한 몸매 뽐내는 봄날이다.

국화호숫가를 돌다보면
산자락 따라 피어난 분홍 진달래, 노란 개나리
흥겨운 봄, 봄, 봄.

발아래 보랏빛 반지꽃 지천으로 피고
꽃반지 끼던 먼 옛날 아이들 그립다.

호숫가에 봄은 이유 있는 설렘이다.

느티나무의 고백

겨울은 나무들이 위선을 고백하고
다시 찬란한 봄을 위해 회개하는 계절인가.
문화재 보호구역에서 산다는 이유로 문화재처럼 뽐내며
우람하고 멋진 자태를 보이고 서 있던 느티나무가
내게 꼭 고백할 게 있다고 나를 불러 세운다.
어른 서너 명이 팔을 벌려 감싸 안을 만큼
당당한 자태 속에서 가슴을 헤집고 아픈 생채기를
다 들어내 보인다.
하늘로 향하던 높은 가지가 어느 여름 벼락을 맞아
숭덩 잘려 뭉그러지고, 불에 타버려 숯덩이처럼
굳어버린 검은 화석을 가슴에 안고 살고 있었다.
그동안 무척 오만해 보였다면,
그건 생채기를 보이기 싫어 무성한 잎으로 숨기고
안간힘으로 감추고 싶은 마음이었다고,
나무는 위로만 오르던 줄기에 방향을 바꿔
사방으로 가지를 키워 여기까지 살아왔노라고,
어떤 고난이 오더라도 멈추지 않고,

순응하여 살다보면, 욕심 부리지 않고도
모양 좋은 나무로 자라고 있더라고,
직진이 아니라면 돌아가면 되는 것이라고,
구부러지고 더딘 길엔 더 많은 풀꽃이 피더라고,
내게 독백처럼 이야기를 풀어 놓는다.

대파와 쪽파에 대하여

텃밭에 남은 대파와 쪽파는
웅크린 아침에도 여전히 파릇하다.
농부는 내년 봄까지 두고두고 먹겠다고
너를 이 북풍 속에 세워 놓았겠지.
네 엄마가 물려 준 억척이
널 이 시린 땅에서도 끄떡없는
파랑으로 살게 한단다.
산다는 건 미워하다 용서하고
미처 다 용서 못하는 끊임없는 혼돈이지.
대파야, 쪽파야.
너는 이 시린 바람 속에서 다 용서하여
무심하고 서 있는가.
너는 네 엄마를 닮아
푸른 잎사귀로 찬바람을 이기고
알싸한 맛을 더해 가는 게 아니겠니.
혹시, 올 추위에 주저앉게 된다 해도
네 안에 억척이 널 지켜내서
내년 봄에 더 진한 파랑으로 일어날 거야.

장마 중

장대비가 며칠째 내리고 있다.
우중雨中에는 함부로 웃을 수도 없다.
일 없이 농담을 걸 수도 없다.
어떤 이가 살던 집과
키우던 닭을 빼앗기고
우중에 천둥소리로 울고 있다.
어떤 이는 집이 무너져 아이를 잃었다.
상중喪中이다.
나도 함께 울었다.
장마는 요절한 영혼들의 눈물인가.

사랑이 늙어가네

오래 괴롭히던 하지 정맥류
모처럼 남편이 한가한 틈을 타
숙제 도와 줄 친구 찾은 것처럼
든든한 마음으로 병원 문을 들어섰다.

그날 밤,
집에 돌아간 남편이 잠을 설쳤단다.
빈 공간의 허전함이 새삼스러웠을까.
병원 침대에 남겨놓고
편한 잠을 청하다가
이런저런 생각에 빠졌을까.

다음 날, 남편은
병원 간이침대에서 자겠다고 한다.
보호자 임무를
충실히 수행해 보려고 노력 중인가 보다.

그러나,
환자보다 일찍 곤한 잠에 빠지고
잠든 얼굴 내려다보고 있으니
측은하기도 하고, 고맙기도 하고,
야속하기도 하고
사랑도 속절없이 늙어가고 있네.

봄볕에 앉아

이른 봄볕에 앉아보니
바다를 거슬러 온 바람
몸을 움츠리게 하고
성벽에 기대고 앉아
염하강 건너
겹겹이 싸인 산을 내려다보노라니
그림 속에 앉아 그림이 된다.
봄볕인데, 바람 탓인가?
물 한 모금 마시려는데
살금 다가와 앉은
노란 민들레
연보라 제비꽃
친구 하잔다.
물 한 모금 줄까?
그림 속에 앉아
그림을 그리려는데
바라보다가 그만 주눅이 들어
친구들 곁에 앉아
놀다 간다.

혼자 걷는 길

사람은 혼자다.
혼자 태어나서 엄마가 그랬듯이 혼자 간다.
혼자 걷는 초겨울 들길에서
하얀 억새꽃이 반갑다고 손을 흔든다.
여기 나 있다고.
혼자가 아니라고.
두려워 말라고.
개울물이 간밤에 언 손을 다 녹이지 못하고 아직
가장자리에 얼음조각이 남아있다.
시린 물속에 황새 한 마리 발을 담그고 서 있다.
무얼 좀 먹었을까. 발은 시리지 않을까.
괜한 걱정을 해 본다.
물이 맑아서인지, 그림자 따라 오르는 모습이 더 힘차다.
굶지는 않았나 보다.
오늘처럼 좀 냉랭해지면 홀가분해질 텐데.
별 소득 없이 걱정만 많다.
혼자 걷는 길 위에서 나를 만나면 할 말이 늘고
겨울 햇살은 짧기만 하다.

사랑한다는 것은

사랑한다는 것은
마음에 꽃밭 하나 가꿔가는 것이다.
사랑 속에 살고 있을 때는
마음 밭에 꽃이 가득하여 황홀하더니만
사랑은 이별이 온 후에야 크기가 가늠되고
꽃으로 가득하던 가슴엔
눈물이 강이 되어 흐른다.
엄마의 죽음 앞에서
마지막 선물로 드릴 것은
사랑해요. 사랑해요.
뒤늦은 회한의 절규 밖에는 없었다.
사랑한다는 말이 입 밖에 나오면
마음 밭으로 들어가 꽃이 된다는 것을
진작 알아채지 못하고.
엄마네 베란다에 흐드러지게 피던
가재발 선인장 붉은 꽃은
올 봄에도 우리 집 베란다에 피어나

애잔한 그리움이 된다.
사랑하여 마음 밭에 피어난 꽃들은
이별하여 남긴 눈물을 먹고 산다.

욕심

꿀벌이 꿀단지에 빠져 퍼덕인다.
제 몸에서 나온
단 맛에 욕심을 부리다가
날개는 본디 가벼워야 나는데
꿀범벅이 된 날개는
더 이상 하늘을 날 수가 없다.
마지막 방어벽 독침을 쏘아대며
떼 지어 장렬한 죽음을 맞는다.
불로장생을 꿈꾸는 욕심 많은 인간은
꿀과 벌이 뿜어 낸 독,
꿀벌의 몸통까지
한데 섞어 한 병의 보약을 만들었다.
점점 뻔뻔해진 인간의 욕심
황금 알을 낳는 거위는
더 이상 우화가 아닌 것을

손톱을 깎으며

또, 손톱을 깎는다.
한 달에 대여섯 번은 깎아야 한다.
귀찮은 일이다.
손톱이 조금만 길어도
거추장스럽게 느껴지는 건 결벽인가.
손톱의 길이만큼 살아난 야성으로
가까운 누군가를 할퀴고
꼬집는 짓이 본성인가.
손톱을 잘라내며
맘에 자란 미움도 싹둑 잘라버린다.
후련해진다.
단정해진다.
온순해진다.
제때 손톱을 잘라내서 다스리지 못하면
제 맘대로 자라서 제 몸을 해하고,
남도 해하여 우울의 우리에 갇힐 일이다.
슬픈 외톨이를 원하지 않으므로
오늘도 단호하게 손톱을 잘라낸다.

4부

- 숲길을 걷다가
- 고추잠자리
- 참새에게
- 가시나무
- 모감주나무
- 왕거미를 바라보며
- 고양이는 수행 중
- 잠 못 드는 밤
- 가로등
- 삼백 살 할머니 돌배나무
- 외포리 갈매기
- 풀벌레 소리

숲길을 걷다가

사방이 초록인 숲길을 걷다가
키 작은 오리나무 굵은 잎맥을 들여다보다가
노란 봄꽃이 그리워 생강나무 잎을 만져보다가
키 큰 떡갈나무 잎에 손바닥을 재보다가
분홍 싸리꽃 작고 귀여운 잎을 보다가
아!
물오른 줄기에 싱싱한 싱아 잎을 보다가
참나무를 감고 오르는 넝쿨 담쟁이 잎을 보다가
소나무 목말 타고 신난 아이 같은 칡넝쿨 잎을 보다가
긴 허리 못 이겨 허리 휜 억새 풀잎을 보다가
엉겅퀴 꽃달고 가시 범벅인 뾰족한 잎을 들여다보다가
하얀 아카시아 꽃지고, 도란도란 줄 선 잎을 만져보다가
노란 미나리아재비꽃 잎사귀를 보다가
아!
도무지 하나도 닮은 잎이 없어.
다른 잎을 달고도 잘 어우러진 숲속 나무들 보며
저 아랫동네 아웅거리던

엉겅퀴 같은 여동생 보고 싶은 생각이 나서
연락도 없는 무정한 친구들 생각이 나서
꼬물거리는 손주들 보고 싶은 생각이 나서
얼굴 달라도 마음 달라도
서로 그늘이 되고, 바람막이가 되고
햇빛과 달빛도, 바람과 비도 나눠 먹으며
가끔은 목소리가 커지더라도 받아줘야지.

고추잠자리

하늘은 내가 좋아하는 달개비꽃
그 청색을 닮아 푸르러서 좋고
가을볕은 등 뒤에서 따가운데
혼자 걷는
코스모스 들길에서
홀연히 나타난 고추잠자리.

어릴 적 단발머리 철없던 날
잡힐 듯 말듯 눈앞에서 어른대다가
햇살 따스한 안마당 바지랑대 끝에 올라앉아
약만 올리던 일이 미안했다며
내 어깨 위에 살그머니 내려앉아
수줍게 용서를 청한다.

괜찮다. 괜찮다.
나는 너를 용서한 지 오래구나.
귀밑에 흰 머리 감춘 지 오래지만

아직도 가을 하늘에서 널 만나면
여름날 소나기 온 뒤
무지개 만난 가슴처럼 뛰고 있단다.

우린 술래잡기하던 친구였는데
어젠 문득,
귀여운 내 손자와 술래를 바꿨더구나.

참새에게

포르릉,
어디서 참새 한 마리 날아와
아파트 마당에 외로이 서 있는
대추나무 가지를 살짝 흔들고 있다.
참새 여러 마리 또 날아와 앉는다.
오십 년 전쯤인가.
고향집 마당에 날아와
오빠와 나의 계략에 걸려 삼태기 안에
갇혀 퍼덕이던 너의 할아비를 추억한다.
그 목소리, 몸치장은 색깔조차 변함없어
너의 모습이 낯설지 않구나.
네 할아비의 유언을 전하는가.
햇볕 좋은 겨울날 대추나무에 찾아와
짹짹거리며 고마움을 전하고 있구나.
우리 남매가 참새구이 군침에 흔들려
애달프게 울던 네 할아비의 간청을 들어주지 않았던들
오늘 너와의 해후는 없었을 게지.

은혜를 잊지 않고 찾아와 주니 정말 고맙다.
이제, 세상에 없을 네 할아비가 그리워
너를 내 손자에게 소개하니
잘 부탁한다.

가시나무

봄바람인데, 아직 시린 손이다.

성급한 진달래 분홍 꽃망울 내밀고
수줍게 부풀어 피어나길 망설인다.

휘어진 바람이 지나가는 숲 길 저 편에
토라져 돌아서서
성난 고슴도치처럼 가시를 세우고
흐느끼는 외로움에 떨고 있는
가시나무 하나.

너를 안고
가시마다 맺힌 붉은 눈물 닦아주고 싶은데
좁은 가슴 귀퉁이에 서성이다
먼 데 그리움으로 바라본다.

겨울이 지나면
봄은 다시 오듯이
가여운 가시나무는 잎새를 달고
가시는 안에 접고 달려오려나.

모감주나무

남에서 십 년을 살다가
낯선 땅 북으로 시집간 나무
타향살이 어설퍼서
시집살이 서글프려나
친정집 그리워 밤이면
베갯잇 젖어 울지 않으려나.
눈감고 삼 년
귀막고 삼 년
입닫고 삼 년
한 십 년 시집살이 살아지다 보면
고향 사람 실컷 만날
기쁜 날이 오겠지.
해마다 자식같은 염주 알 주렁주렁 달고
자비로운 부처님께 정성껏 빌어주렴.
우리는 본디 하나였으니
애틋한 이별은 싫고
한 식구로 오손도손 살고 싶다고.

왕거미를 바라보며

불빛이 밝은 가로등 아래서
게으른 왕거미 한 마리
성근 거미줄 치고
허기진 배, 홀쭉해진 몸을 일으켜
파닥이는 먹잇감을 향해 외줄타기를 한다.
한 바퀴 빙그르르 툭
벌레 걸린 거미줄 끊어져
거미는 간신히 몸을 가눈다.
늦지 않았으니, 다시 시작해 보렴.
정신 줄을 다잡은 왕거미
씨줄을 열심히 걸고
날줄을 촘촘히 엮는다.
금세 완성된 멋진 거미집
아까 그 게으른 거미인지 어리둥절하다.
잠시 기다림도 없이
줄지어 포박당하고 있는
밤눈이 어둔 작은 벌레들
불뚝 배를 내민 왕거미 한 마리
가을걷이 흐뭇한 농부의 표정이다.

고양이는 수행 중

쯧쯧, 임신 중이구나.
예전 내 모습을 보는 듯하다.
하얀 고양이가 불룩한 배를 하고
삼복더위에 지쳐
사람이 왕래하는 그늘진 복도에 자리 잡고
아예 눈감고 모로 드러누워 있다.

딱하기도 하지.
아직 앳된 모습이
분명 첫 임신인 듯하다.
고양이나 나나
삶이 무엇인지는 모르지만
묵묵히 제 임무를 수행 중이다.

잠 못 드는 밤

잠 못 드는 밤에는
참회를 한다.
어둠속에 조용히 누워 있으면
별을 헤듯이
떠오르는 뉘우침들.
진작 많이 사랑하지 못한
어머니 그리고 아버지.
아이들에게 욕심 부리고
인내하지 못했던 아쉬움.
젊어서 더 적극적으로 살았더라면
지나간 것들은 후회라는 이름으로 남고
나이 들면서
잠 못 드는 밤이 많아지는 것은
낮에 마신 커피 탓이 아니고
참회할 시간이 필요한 까닭인가보다.

가로등

늦은 귀갓길
등 굽은 골목에선
맘 든든한 동행이 되어주고
밤새 퀭한 눈으로
야경을 돌다가 어스름
새벽안개를 덮고서야
스르르 잠이 드는 말없는 가로등.

예고 없는 이별로
슬픔에 잠기거나
뜻하지 않게
병상에 누워 있게 되면
늘 곁에 머무는
이름은 가족이었지.

별 걱정이 깊은 것도 아닌
잠 못 드는 깊은 밤에

적막한 창밖에서 묵묵히 서 있는
너를 내다보다 마주친 이름.

어젯밤 아버지의 논둑길에서 놀던
노란 미루나무와 해후하던 일도
나의 안위를 염려하는
또 하나의 가족으로 지켜 선
네 배려인 줄을.

삼백 살 할머니 돌배나무

삼백 년 지켜온 세월을
무수히 뻗은 가지에 고스란히 엮어
지난 밤 달빛을 잉태한
하얀 배꽃을 넘치게 달고 서 있다.
살아낸 세월이 자랑스러운 돌배나무는
배꽃마을 축제에 마스코트가 되었다.
근처 과수원엔 아직 어리고 탐스런 배꽃이
함박눈꽃처럼 소복소복 피었건만
한 그루 돌배나무의 자태를 넘지 못한다.
삼백 살 할머니 돌배나무 꽃은
은은한 달빛을 담은 하얀 무명저고리처럼 빛나고
과수원에 수줍게 달린 탐스런 배꽃은
고운 봄볕 야외 결혼식장,
아버지 손잡고 입장하는 신부의
하얀 실크 드레스처럼 눈이 부시다.
배꽃터널에서 뿜어내는 이 향내는
농부의 적삼에서 배어나오는 땀내라는 것을

할머니 돌배나무는 전한다.
달콤하고 아삭한 배를 씹다보면
가운데 품은 시큼한 맛이 농부의 땀맛이란다.

외포리 갈매기

보라.
이카로스의 꿈을 대신하여
넓은 창공을 자유롭게 나는 갈매기
외포리 앞바다를 지킨다.
어머니 품속 같이
석모도가 그리운 사람들
이산가족 귀한 선물 풀어 놓듯이
새우깡 한 봉지 던져주면
속내를 알아챈 갈매기는
반갑고 고맙다고
멋진 곡예비행 한 바퀴
답례인사를 한다.
석모도 바닷바람에
한구석 시름 날려 보내고
가볍게 뱃머리에 서면
헤어짐이 서툰 갈매기는
여기서 기다리고 있겠다고
꺽꺽 서러운 울음을 운다.

풀벌레 소리

나무들은 겨울채비 하느라
황혼을 불태우는 중이고

황홀한 색깔에만 눈을 팔다가
문득 들려오는 풀벌레 소리
내 발자국소리를 기억하여
거기서 목청껏 부르고 있을
너를 외면하고
풍경에만 마음을 빼앗겼구나.

겨울 준비하는 풀벌레소리
그래, 이 오색 물들인 가을 산에는
너희들도 있었지.

가만히 귀 기울이면 들리는 노래
온 정성으로 부르는 멋진 하모니
이별의 세레나데.

5부

- 혈구산 정상에서
- 곶자왈에서
- 선암사에서
- 설악산 울산바위
- 남해의 아침
- 광성보에서
- 오월의 순천만
- 평창 하늘
- 비 오는 봉은사
- 양평 골동품 시장
- 위대한 유산 앙코르 와트를 다녀오다

혈구산 정상에서

해발 466m.
을미년 정초, 새 맘으로 살자고
혈구산 정상에 선다.
거침없이 확 트인 사방

발아래 내려다보이는 시선이
끝나는 곳은 모두 바다.

구름은 손을 뻗치면
금방이라도 잡힐 것 같다.
여기는
한반도의 중심, 강화도의 중심이다.

나는 단단히 중심에 발을 디딘다.
모든 것이 어긋나지 못하도록

저 아래 티끌만 한 아득한 점이
떠나온 곳, 돌아갈 곳

한없이 작고, 욕심도 가벼워진다.
팔을 벌리고 서면 날 듯도 하다.

추위도 모르는 텃새 서너 마리
사는 곳이 궁금하다.

곶자왈에서

곶자왈에 들어서니
남방지역 숲처럼 이국적이다.
항상 축축하여 왕성하게 우거진 숲이다.
지하로 스민 물이 화산암에 잘 정제되어
물맛이 좋단다.
원석일 때는 모르는 보석 같은 숲이다.
사방을 둘러보는데
큰 나무마다 아래에서부터 뱀처럼 칭칭 감고
기어 올라가 히히덕거리며
한껏 멋을 부리고 있는 덩굴나무가 보인다.
평화로운 숲에 웬 깡패인가.
모두들 숨죽이고,
다 내어주고 굶어 죽어가고 있는
나무들이 여럿이다.
숲은 아직 일제 식민 시대인가.
독하게 견뎌내겠지.
우리 민족이 사는 우리 땅의 나무이니까.
식물의 먹이사슬 구조 속에서

비명조차 내지 못하고
저항하다 지친 장렬한 죽음을 본다.
자연의 이치에 관여하지 않는 것이 에코 정신인가.
그게 순리라고 해도
나는 애써 저 싸움에 개입하고 싶어 안달이다.

선암사에서

맑은 계곡물 소리 따라
아치형 구름다리 승선문을 지나면
마음도 몸도 씻기고
속세의 걱정은 사라진다.
법고, 범종, 운판, 목어
그 소리 들리는 듯,
삼라만상 모든 중생은 죄를 씻고
대웅전에 들어선다.
삼백 살 백매는 이미 꽃이 지고
단아한 잎을 달고 서 있다.
늙은 와송은 무거운 몸을 잘 버티고
조강지처처럼 숭고함이 보인다.
뒤간에 들어서면 아래로 까마득한 낭떠러지
억지로 볼일을 본다.
참 깊다.
이곳에 거처한 승려가 많았나보다.
손자들을 데려왔으면 울고 도망갔을 처지다.

그러나 멀어지는 추억처럼 참 애착이 간다.
선암사에 가면
꼭 그 뒤간에서 볼일을 볼 일이다.

설악산 울산바위

울산바위는 참으로 신비롭다.
실크처럼 보드란 아침햇살을 머금고
화관 쓴 신부처럼
경외하여 바라만 보고 있어도
가슴 벅찬 짝사랑처럼
햇살을 씨줄 삼고
눈과 비와 바람과 구름을 날줄 삼아
황홀한 비단 옷을 짜 입고
하늘에 홀연히 나타난 천사들의 무리
그 매혹에 빠지지 않은 자 누구랴.
나도 울산바위 전설처럼
잠시 쉬었다 가리라 맘먹어도
설악에 취해 아주 눌러 살고 싶더이다.
운명처럼 머물다가
보랏빛 들꽃으로 피어 살아도 좋으리.

남해의 아침

남해의 아침은 배. 배. 배.
집집의 배가 바다로 모이는 아침바다
조찬모임 중이다.

점처럼 보이는 배. 배. 배.
어미 품에 기어 든 새끼처럼
옹기종기 젖을 빨고 있다.

남해의 아침은 배. 배. 배.
자식이 많아 꾸려줄 것도 많은
허리 굽은 엄마 품이다.

광성보에서

안해루라 이름 지어진 망루를 지나면
한강과 서해가 한 몸으로 엉킨 염하강이
말없이 와락 안긴다.

붉은 감은 꽃으로 피어
꽃보다 진한 가을 정취 보태고
염하강 잔잔한 물결 위로 산그림자 내려앉아
하늘도 구름도 젖어 촉촉하다.

불러줄 이름조차 없는 전사자들 총총히 묻혀
여기가 병인양요, 신미양요 격전지라고 전해준다.
푸른 눈의 이방인이 쏘아대던 포성 속에서
아비규환 그 신음소리 못 듣는가.
활짝 웃는 기념사진 한 장씩 연방 찍어댄다.

새색시 치마처럼 빨간 옻나무 흘깃 바라보다
제멋대로 멋을 낸 소나무 숲길을 지나
용머리처럼 삐쭉 내민 용두돈대에 이르면

다소곳한 소나무 한 그루 외로이 손돌목을 지킨다.

피난길 임금님은
손돌의 진실한 심장소리 듣지 못했는가.
허름한 행색에 눈이 가려 그 눈빛 보지 못했는가.
손돌도 임금도 말이 없고
애절한 전설만 흐르는데
서해로 이어지는 물길 굽이굽이 산도 마을도 숙연하다.

광성보 한 바퀴 걷다 보면
하늘과 바람과 숲과 염하강이 전설로 어우러져
너와 내가 도란도란 정다워진다.
오늘도 내 안에 별 다섯 개 그려 넣는다.

오월의 순천만

순천만 갈대는 아직 초록이다.
볼에 스치던 바람은
어느새 품으로 파고 들어와
옷자락을 헤집어 상큼하고
청보리밭 바람을 닮아 싱싱하다.
초록 갈대숲 바람길 따라 걷다
용오름길에 오르면
조금씩 숨이 가빠지고
아! 드디어 다다른
여기는 용산대.
하늘이 열리고, 바다가 열린 듯
용이 드디어 승천하고
바닷물이 순천만으로 드나드는 물길 사이
하늘에서 내려와 앉은 습지
크고 작은 동심원이 멋진 풍광을 이루고
아! 보고 싶던
여기는 순천만 갈대 습지.

평창 하늘

손을 뻗치면
구름꽃을 한 아름 꺾어올 수 있겠다.
시리도록 하얀 목단꽃.
멀리 펼쳐진 산은
하늘빛이 내려앉아 푸르고
초록의 잔치는 나무들의 몫이다.
하늘도 바람도 낯선
피부색이 다른 이방인
자작나무도 반갑다.
유월 봄바람은
꽃구름 마차에 올라앉아
옆 동네로 마실 가고 싶단다.
평창 하늘을 올려다보고 있으면
미켈란젤로가 그린 천지창조가 떠오른다.
이 하늘을 한 번 바라보기만 한다면
아무도 죄 없을 것 같다.

비 오는 봉은사

비 오는 토요일 오후
아주 우연히
자투리 시간이 생겨
참 낯설게도 처음
봉은사에 들렀다.
자주 지나치던 길이었지만
대웅전 앞뜰엔
연등이 한가득
하늘을 가리고
빗줄기도 가리고
건강발원
소원성취
만사형통
사업번창
합격기원
믿음은 모든 것을 이루고 만다지.
뒤뜰 키 큰 미륵은
넓은 혜안으로 이곳에 터를 잡아

번잡한 도심 번뇌 모두 끌어안고
비 오는 봉은사 툇마루는
안온하다.

양평 골동품 시장

골동품이라면 꽤 많은 세월을 품어야 하거늘 어제 막 쫓겨난 허접스런 삶이 쓰레기처럼 너부러져 상기된 표정으로 새 인연 기다리는 곳에서 누구는 가죽 옷 입어보다 맘에 들어 벌써 웃고, 누구는 그림 액자를 골라 들고, 누구는 장독을 사서 의자로 쓴다 하고, 새 전구, 목걸이도 사고, 날선 톱은 말아 들고, 일행은 모두 대 만족해 횡재를 만난 듯 흡족한 표정인데, 누구에겐 이미 끝난 인연이 누구에겐 이렇게 소중한 인연으로 시작되는 곳에선 아무도 옛 주인을 나무라거나 궁금해 하지 않고 과거지사야 알고 싶지도 않은 사연일 뿐이라고 입양할 강아지처럼 꼭 집어 골라 데리고 간다.

위대한 유산 앙코르 와트를 다녀오다

이백 미터 물길 넘어 섬인 듯 보이는 앙코르 와트
섬세하게 조각된 세 개의 꽃탑
설레던 그리움이 눈앞에 한 치의 실망도 없이 다가온다.
다섯 개의 탑이
세 개로 보이는 정교한 각도를 연출하고
호수를 건너는 다리 난간 위로
일곱 개의 머리를 한 거대한 코브라가
몸을 일으켜 세우고 물길을 지킨다.
도난당했는지, 목 잘린 코브라도 여럿 있다.
왕이 드나들던 중앙문을 통과하니 진분홍 수련이
가득 핀 왼편 연못에 다섯 개의 탑이
물그림자로 내려와 잡힐 듯 신비롭다.
일층 벽화에는 신화가 새겨져 있어 이야기책을
보는 것 같아 재미있고,
죽은 지 사십구일이 지나면
신에게 심판받는 장면이 나오는데, 천상도 그려져 있지만,
지옥에서 만나는 서른두 가지 형벌이 그려져 있어
공덕을 쌓으며 살라는 훈계를 한다.

어제 작은 사원에서 만난 가슴 봉긋한 압사라신이
섭섭하이!
반갑다고 기둥 사이에서 환하게 웃고 있었다.
이층 안뜰에 들어서 가파른 탑을 올려다보는데
좁은 돌 틈을 비집고 생명의 간절함으로 다가온 초록 잡풀
잡초라는 이름보다 더 거룩한 이름을 지어주고 싶어
거초라 불러 주었다.
인간이 백년이 못되어 피는 꽃 검버섯처럼
사원을 쌓은 검은 돌은
천년의 세월을 살면서 더 검어지고
군데군데 희다 못해 푸른 꽃을 피워냈다.
불가에서 천년이 되어야 핀다는
우담바라를 본 듯 신비롭기도 하다.
삼층에는 수리야 바라만 왕이 정갈한 몸으로 제사를 지낸 듯,
물 담아두었다는 곳이 사각으로 네 군데,
사방에 기둥모양의 탑이 있고, 중앙에 가장 높은 주탑이 있어

힌두교 비슈누신을 모셨다고 한다.
역사는 돌고 돌아 지금은 큰 불상을 모시고 관광객을 맞는다.
어두운 회랑을 걷다가 만난 비극은
다시 힌두교의 부활,
목 잘린 불상이 섬뜩하기도 하다.
다섯 탑을 연결하는 회랑은
기둥이며 문틀이 정교한 꽃무늬로 조각되어 있고
나무로 만든 문틀 윗부분은 몇 개 남아있지 않았으나
섬세한 꽃무늬가 낯설지 않았다.
목조건물의 무상함이 남의 일이 아닌 듯 안타까웠다.
앙코르 와트 건설을 주도한 왕과 수고한 많은 백성
더위에 지쳐 쓰러진 불쌍한 코끼리들의 영혼에게
억꾼 찌란 찌란!

6부

개미취꽃으로

한낮 따가운 햇볕 아래
낮은 봉분 두 개
정답다.

아침이슬에 목을 축이고
무덤가에 피어난
연보랏빛 개미취꽃 하늘하늘
반긴다.

내 떠나거든
무덤가 찬바람에
솜털 숭숭
허리 굽어 가여운
할미꽃보단

너 보랏빛 꽃무늬 원피스
나풀거리는
소녀의 미소로 피워다오.

개미취꽃으로

할미꽃

무덤가에 허리 굽어 핀 할미꽃이
하얀 털북숭이 할미꽃이
벨벳처럼 고운 자주 보랏빛 할미꽃이
할머니 냄새가 날 것 같아
코끝에 비벼보던 날도 있었는데
어느새, 나는 할머니가 되었는가.

자주 보라 아이리스 눈길 끄는
오월의 정원에 강제 이주한 할미꽃이
햇살에 은발을 나부끼는 할미꽃이
꽃은 지고, 꽃보다 더 멋진 할미꽃이
한참을 그냥 바라보는데
어느새, 나는 할머니가 되었는가.

때죽나무꽃

절물 휴양림에
심심해서 비가 온다.
일없는 사람들 찾아오라고
비바람에 때죽나무 하얀 별꽃이
은하수처럼 내려와
숲길에 고요를 더하고
나는 빗방울 무늬 우비를 입고
발아래 밟히는 하얀 별꽃으로 좋다.
문득 올려다 본 때죽나무는
나처럼 하얀 빗방울 무늬 별꽃을
비옷으로 입고
심심한 빗길에 별꽃을 뿌려
꽃길을 만든다.
뭐 대수롭지 않은 일이라며
겸손한 때죽나무꽃은
늘 고개 숙여 핀다.

백일홍의 유혹

빨강, 주황, 진노랑, 진분홍, 연분홍, 하양
언뜻 같아 보이나
같은 꽃은 하나도 없이
오직 어울림으로
한여름 열기를 품어
열대 꽃처럼 정열적이다.
고택을 들어서는 길목에
가지런히 줄지어 반갑게 맞는다.
이 집에 살던 조상이 대대로
좋아했던 꽃이란다.
무심히 바라보다 멈춘
진홍색 백일홍 한 송이의 유혹
꺾고 싶은 욕망을 가까스로 지우고
진정 사랑한다는 것은
너를 자유롭게 하는 것이리라고.

고개 숙인 해바라기

소나기인가 했는데
장대비가 주룩주룩, 그치지 않는다.

비를 핑계로 들어선
남문로 찻집에서
따뜻한 대추차 한 잔으로
보송보송해진 마음이다.

비 오는 창밖을 내다보고 있는데
흠뻑 젖은 채
고개 숙인 해바라기
빗속에서 안쓰럽다.

자꾸만 마음에 걸려
들어와 비 좀 피하라고 손짓을 해도
이쯤은 괜찮다며 손을 젓는다.

더 늦지 않을 때쯤, 비가 그치면
고개를 들 수 있을 게야.
참아낼 결의에 차다.

한여름 능소화

죽은 고목이라고
쓸모없는 건 아니지.
뻘뻘 기어올라
눈맞춤으로 환한 능소화
말없이 인자한 신사와
그 목말을 타고 이참에
높은 하늘까지 올라보고 싶은
상큼 발랄한 아가씨는
천생연분으로
한여름 열기를 더한다.

유월이 오면

저기 유월 울타리는
지금 붉은 열병을 앓고 있다.
못 다한 사랑을 휘감아
세월의 마디마디 옹이 같은 꽃망울 달고
해마다 유월이 오면
어린 영혼들 붉은 장미로 피어난다.
울타리 너머 아득히
포성이 들려오는 듯 소스라치고
붉은 피를 토하며 너부러진
젊은 영혼들 여기저기
기꺼이 웃으며 꽃이 되리라고
그날도 울타리엔 핏빛 장미 피었겠지.
해마다 유월이 오면
붉은 영혼들
유월 울타리에 주렁주렁 피어난다.
부디 잊지 말아달라고

예순 두 송이 장미

살아온 세월을 셈하여
예순 두 송이 장미 꽃다발을
생일선물로 받으니
쑥스럽기도 하고
뿌듯하기도 하고
고맙기도 하고
춥고 시린 겨울을 넘어
비바람 치던 사월을 보내고
눈부신 햇살
살랑대는 바람 한 줄기
농담처럼 가볍게 말을 거는
상큼한 오월이 오면
수줍은 듯 고요한 향기를 뿜어내는
붉은 장미꽃은 피어난다.
모진 세월을 지내고야 비로소
장미꽃은 사랑을 고백하는 언어가 되고
우리 사이 아직도

고백할 사랑이 남아있음은 얼마나 고마운 일인지.
죽어도 죽지 않는 미라처럼
붉은 장미꽃 한 다발 추억 속에 묻는다.

감국

작고 앙증맞은 꼬마 야생화
노오란 감국이 피면 가을이 온다네.
남한산성 서쪽 성곽을 둘러
석양이 노란색을 덧칠해
눈이 시리도록 샛노란 감국은
봄 소풍 나온 유치원생 설레는 가슴으로
성곽을 따라 행렬을 이룬다.
오늘 아침 산 아랫동네 사는 꿀벌들도
감국축제에 초대를 받고
앵앵 숨찬 언덕길을 따라 올라 심심치 않다.
진한 감국 향은 들숨 따라
콧속으로 빨려 들어와
금세 머릿속까지 한 바퀴 휑 돌고
미처 날숨을 토해내기도 전에
쏴하게 가슴에 박히는 것이
꼭 박하사탕 맛이다.
노란 감국차 한 잔이면
묵은 속병이 다 녹아내릴 듯하여

감국꽃 한 줌을 정성껏 따서
귀한 부적처럼 호주머니에 집어넣고
아쉽게 돌아선 산등성이에 두고 온
짧은 가을 햇살을 만지작거린다.

코스모스처럼

코발트 빛 하늘에는 천사구름
황금색 들판엔 허수아비
훠어이, 훠어이
참새 쫓는 소리
신작로에는
가을바람 타고 춤추는 코스모스
외손녀 손잡고
콧노래 흥겨워지고
진분홍 꽃 한 송이 머리에 꽂아준다.
훗날, 손녀는 코스모스 길에서
이 할미를 생각이나 할까.
코스모스는 바람을 거역하지 않는단다.
온몸으로 받아 그대로 춤이 된단다.
살다가 나약한 인생에 바람이 불면
저 코스모스 꽃처럼 바람을 받아 안고
그저 신명나는 춤이 되어 살면 된단다.

함박눈 꽃이 되다

하얀 함박눈꽃이 온 세상을 뒤덮으면
무슨 좋은 일이 생길 것 같아
가슴이 뛴다.
어릴 적 눈사람을 만들고
그 녹아버린 눈사람이 아쉬워
울상을 짓고 있으면
금방 달려와
더 크고 멋진 눈사람으로 달래주던
오빠는 먼 추억 속에서 걸어 나오고
하얀 면사포를 쓴 가로수는
성스런 아침을 예고하는
수줍은 신부로 다가온다.
서설瑞雪이어서 좋고
함박눈이 꽃이 되니 더 좋다.
눈이 시리도록 황홀한 아침이다.

7부

아들에게

첫 아들로 태어나 애지중지
사춘기에 심한 고뿔로
어미와의 끈을 녹여내더니
방목한 염소처럼 불혹의 나이까지 왔다.
최소한의 기대치로 거리를 유지하면서
어미의 욕심을 밀어내고
딸 하나에 아들 하나 평범한 가장이 되어
아이들 앞세워 재롱을 선물로 안고
주말마다 나들이를 온다.
쓰레기 분리수거를 하고
아비 방에 글 읽는 눈이 찌그러져 주름 더할까
밝은 전구로 닦아 갈아주고
어미는 주방에서 침침한 눈으로
무딘 칼날에도 행여 손 벨까
한쪽이 나간 외눈박이 전구를 갈아 끼운다.
큰일을 하여 어미 마음을 뿌듯하게 못한 죄
속죄하듯 주말마다 살피고 간다.
간섭의 뒷모습이 정성이었음을

이제 아비 되어 아는지.
놓아주니 더 큰 고기가 되고 있는 것을
가두고 양식하여 원하는 크기를 정해놓고
널 작은 고기로 키워낸 것은 내 탓이로구나.
'신체발부身體髮膚는 수지부모收之父母
 불감훼상不敢毁傷이 효지시야孝之始也'라
몸 관리 잘하여 부모의 근심을 더는 것이
효도의 시작임을 명심하기 바란다.

며느리에게

내 아들이 사랑의 포로가 되어
네 나라에 볼모를 원했으니
네가 갑이고, 내가 을이다.
해마다 성의껏 조공을 잘 바칠 테니
내 아들을 잘 부탁한다.
내가 아들을 낳았다고 기뻐하고
날마다 성심으로 키웠으나
네 성미에 안 찰 때도
많이 있을 줄 안다.
너도 아들을 낳아 기뻐한 날이 있었지.
삼십 년쯤 후에나
이 마음을 헤아릴 수 있을는지.

떡국

불로초 1 안지수

설날 아침
할머니가 만들어 주신 떡국.

한 입
두 입
세 입
할머니가 해주셔서 그런가?

오늘따라 더 맛있는 떡국.

우리 할머니

걸포초 2 안지수

우리 할머니는 요리사
맛있는 음식이 짠하고 나오니깐

우리 할머니는 화가
멋있는 그림을 그리니깐

우리 할머니는 시인
멋있는 시 군단들이 노트성으로 출발하니깐

우리 할머니는 직업이 백 개.

학예회 날

개일초 2-1 백세라

오늘은 학예회 날
두근두근 설레는 학예회 날

1교시는 1초 만에 뚝딱!
끝나고
2교시는 2초 만에 뚝딱!
끝나고
이제 3교시네
학예회 하는 3교시네.

다목적실에는 부모님이
한 명, 한 명
오기 시작하고,
아이들도 하나, 하나
오기 시작한다.

이제 내 차례네.
무대에 올라가 내가 할 걸
하고 내려왔네.

박수를 짝짝짝, 쳐준다.
휴! 다행이다.

요술 거울

세 돌이 막 지난 내 손녀는
표현에 막힘이 없다.
어른 둘이 살고 있으니
손녀를 위한 변변한 장난감이 없어
궁리 끝에 손거울에 요술을 걸어
손녀에게 건넸다.
"이게 요술 거울이란다. 한 번 물어봐."
손녀가 먼저 묻고 할머니는 대답한다.
"거울아. 거울아."
"이 세상에서 누가 제일 예쁘냐?"
할머니는 대답한다.
"우리 지수."
"할머니! 이번엔 할머니가 물어봐요."
할머니가 묻고 손녀는 대답한다.
"거울아. 거울아."
"이 세상에서 누가 제일 예쁘냐?"
손녀는 대답한다.
"우리 할머니."

아뿔싸!
할머니 예상은 비켜나가고
벌써 마음 훔쳐보는 재주가 생기다니
앞으로 살아갈 네 세상
걱정 않으마.

프린세스 발레리나가 되고

프린세스, 춤을 좋아하던
네 살 손녀는
발레를 배우기 시작했다.
발레 옷을 차려입고
세상에서 가장 행복한 얼굴로
포즈를 취한다.
얼마나 기다리고 바라던 날이었던가.
간절히 바라던 것이
이루어지는 순간
인간의 행복은 절정을 이루고
그 뒤엔 오직 책임감
인내심을 요구하게 된다.
부디 발레가 싫어지지 않기를 바라지만
프린세스가 무엇을 하고 살든지
행복한 인생으로 살기를 바란다.

모녀 삼 대가 옥수수 먹던 날

딸아이 이름 석 자
장하게 홀로 선 모습 보고 싶었는데
대리 만족이라도 하고 싶은
목마른 어미의 부질없는 허영인 것을
마음 한구석 끈적끈적한 것은
올 여름 길고 유난한 장마철 탓만은 아니다.
모녀 삼 대는 도란도란
훗날 찜질방 친구 되자고
햇옥수수 앞에 놓고 결의를 하는데
생애 처음 옥수수 맛에 빠진
네 살 외손녀는
할미 마음을 아는지 모르는지
이름 석 자 장하게 드러내고
이 회한을 풀어주려나.
제 살 다 내어준 옥수수는 말이 없고
거친 뼈만 가지런히 쟁반에 수북하다.

밥 한 숟가락

이쁜 딸, 멋진 사위
내 손 전화기 목록이다.
어느새, 두 아이의 보호자 되어
임무를 잘 수행하고 있다.
다섯 살 외손자 승주는
한국말 다 잊고 돌아오고
네 살 세라는 미국말만 배웠다.
제 어미의 깊은 배려가 있었겠지.
그러나 어쩔까.
말이 안 통하면
서로 사랑이 서툰 것을
몸짓으로 부딪혀 보려고
승주 곁에 앉았다.
밥 한 숟가락 입에 넣어주니
한 손을 가로 닫는 시늉하고
문이 닫혔단다.
파크 문이 닫혔단다.
제 배를 두드리며 음식파크란다.

밥, 두부, 생선, 시금치, 당근, 부로커리……
다시, 파크 문 여는 시늉을 하니
곁에 앉은 할머니 입꼬리가 올라간다.

전국 가장 좋은 외가상

우리 부부가 오랜만에 딸네 집에 들러
전국에서 가장 좋은 외가상을 받았다.
전국수학경시대회에서 상을 받아온
승주는 올해 초등학교 일 학년이다.
한참을 방에 들어가 무언가 하더니,
상장을 만들어 나왔다.
표지엔
 서울시 ○○구 ○○동 ○○아파트에서 하는
 전국 좋은 외가 대회
 주최: 백승주 후원: 백세라
내용은
 가장 좋은 외할머니와 가장 좋은 외할아버지이므로
 이 상장을 드립니다.
 금상 구신자·안○○
 2016년 6월 20일
메달도 색종이로 접어 붙이고, 제법 잘 만들었다.
얼마나 웃었던지.
곁에서 지켜보던 유치원생 세라는

방에 들어가 큰 종이로 더 크게 만들어 가지고 나왔다.
상장에 금실로 테를 두르고 메달도 붙이고,
할머니, 할아버지 그림에 왕관도 씌웠다.
더 크게 웃었다.
흐뭇하기도 하고, 겸연쩍기도 하고.
아이들을 보고 있으면 웃을 일이 많아 좋다.
손주에게서 상을 받으니 더 좋다.

쿠키야, 미안해.

개똥밭에 굴러도 이승이 좋다는데
너를 보내고
꺼이꺼이 짐승처럼 몇 시간을 울고 나서야
내가 가보지 않은 곳을
너에게 고통 없는 천국이라고 보내고
미안하다는 말 밖에
할 말이 없다는 것을 알았다.
더 기다려야 하는 것은 아니었는지.
자꾸만 미안함이 밀물처럼
나를 덮쳐 입맛이 달아나고
미안함으로 가득해져 무겁다.
십사 년을 더불어 살다가 너를 보내니
온 집안에 적막하기가
홀로 비 오는 처마 낙수를 바라보던 마음이다.
오늘 성당 계단 옆 돌 틈을 비집은
상사화는 꽃 대궁을 높이 세우고
연한 분홍빛으로 피어나
너를 본 듯이 반갑고 사랑스럽더라.

評說

몸에 관한 성찰과 생명의식

-구신자 첫 시집 『꽃뱀, 굴을 나오다』

허 형 만

(시인. 목포대 명예교수)

評說

몸에 관한 성찰과 생명의식

-구신자 첫 시집 『꽃뱀, 굴을 나오다』

행복한 날이 오거든
행복하게 사십시오.

행여 불행한 날이 오거든
또한
행복했던 날처럼 사십시오.

삶은
무조건 행복해야 하니까요.

-구신자 「삶은」 전문

브라이언 터너Bryan S. Turner는 사람들이 몸을 당연시하고, 정착된 어떤 것으로 물화物化시키는 사고는 매우 위험하다고 지적한 바 있다. 터너는 사회학적 관점에서 몸과 관련된 문제들을 체계적으로 접근한 최초의 책으로 평가받는 저서 『몸과 사회』(2002)에서 몸의 사회학을 논하면서 "개인과 집단에게, 몸은 환경(자연의 일부)인 동시에

자아(문화의 일부)의 매개체"라고 말했다. 자연과 문화의 상호작용에 대한 몸에 관한 관심은 인류학이나 사회과학에서뿐만 아니라 예술가들, 특히 화가나 시인들에게 있어서 중요한 메타포다. 이러한 관점에서 구신자 시인의 시는 내적 체험을 통한 몸에 관한 성찰을 보여주고 있다.

아침 햇살에 활짝 핀 호박꽃을 친구하던
어린 아이는 어른이 되어
작은 굴을 파고, 꼭 닮은 아이 둘을 낳고
바깥세상은 궁금해 하지도 못하고
빠져나올 궁리도 없고
아이들은 호기심이 자라서
세상 밖으로 튕겨 나가고
넓어진 굴에 덩그러니 남아
내가 누구인지도 모르고
어두운 굴이 우연히 무너져
환한 한 줄기 빛이 새어 들어온 날
드디어 세상 밖이 궁금한 나는
굴을 나오게 된다
독도 없이 무늬만 고운 꽃뱀이었어라
알록달록 고운 꽃무늬 원피스를 입고
춤추는 듯 까치발을 하고 날고 있지만,
한사코 땅에 붙어 기어 다니고 말지
뱀은 굴을 나와야 제 길이를 안다지만,

길가에서 사람들이 알아듣지 못하는 말로
꽃뱀에 대하여 수군거린다
나는 그저 웃고 있다.

-「꽃뱀, 굴을 나오다」 전문

이 시는 에리히 프롬이 말하는 능동성과 수동성의 이론을 떠올리게 한다. 또한 하이데거가 시인 릴케의 키워드 중 하나로 꼽은 은폐와 비은폐의 의미도 생각하게 한다. 이 시에서 화자인 "나"는 "꽃뱀"이다. 물론 꽃뱀(화사花蛇)을 시적 대상으로 삼은 미당 서정주의 이미지와는 전혀 다른 입장에서 자의식을 드러내고 있다. 총 21행의 시에서 전반부는 "어른이 되어/작은 굴을 파고", 자기와 "꼭 닮은 아이 둘을 낳고" 굴속에 칩거했던 과거를 기억한다. 이런 면에서 "굴"은 '구멍'과 같은 상징성을 내포한다. 고독과 어둠, 은폐와 수동성의 삶이었음을 드러낸 것이다.

그러나 후반부에 오면 "드디어 세상 밖이 궁금한 나는/굴을 나오게" 되는데, 밝은 세상 밖으로 나와 보니 자신이 "독도 없이 무늬만 고운 꽃뱀"이었음을 알아챘다. 전반부에서 "아이들은 호기심이 자라서/세상 밖으로 튕겨 나가고/넓어진 굴에 덩그러니 남아/내가 누구인지도" 몰랐다가 비로소 자의식을 발견한다. 융은 뱀의 상징적 원형으로 자기 혁신을 강조했거니와 "꽃뱀"으로 "나"의 인격체를 부여함으로써 자신의 의지와 상반되는 어떠한 외적 상황, 즉 '꽃뱀=유혹'이라는 "길가에서 사람들이 알아듣지 못하는 말로" 수군거리는 것까지도 전혀 신경 쓰지 않는다. 마침내 "나" 자신을 비은폐와 능동성의 주체로 경험하게 된 것이다.

나는 말총머리, 고집이 센 편이다.
자기주장이 강하고
오지랖이 넓어
헛수고인 줄 알면서도
남의 일에 조언도 많이 한다.
그렇다고
어떤 일에 독선적이지는 않다.
누이 좋고 매부 좋고 식으로
서로 상생의 길을 찾는다.
나는 적당히 까칠하여
혼자 있는 것을 즐긴다.
이마가 좁고, 눈이 작아서인지
통 크게 남을 이해하지 못해서인지
상처도 많이 받는 편이다.
순진하달까.
순수하달까.
아무튼 남의 입장을 먼저

생각하는 버릇이 있어
손해 보는 편이 많다.
고백하건대, 나는 내가 별로
자랑스럽지 못하다.
부족함이 많은 사람인데도
곁을 떠나지 않고 지켜주는
사람들에게 고마움을 전한다.

–「자화상」 전문

자화상은 시인이 언어를 통해 자신의 초상화를 그리는 것을 일컫는다. 따라서 자신의 삶에 관한 성찰과 반성, 자기 고백이 주를 이룬다. 윤동주, 서정주의 자화상이 내면의 깊이를 바라보며 성찰의 자세를 갖추었듯이 구신자 시인 역시 앞에서 살펴본 '굴'(은폐)에서 나와 바깥세상(비은폐)에서의 자신을 솔직하게 고백한다. 이는 마치 신부님 앞에서 고해성사를 하는 모습을 떠올리게 한다. 자기 자신에 대해 "강한 자기주장/독선적이지 않음", "남의 일에 조언을 많이 함/서로 상생의 길을 찾음"의 양가적 성격을 숨기지 않는다. 그러다 보니 남으로부터 "상처도 많이 받는 편"이고 "손해 보는 편"이 많음도 솔직하게 털어놓는다. 그러면서 마지막 부분 자신의 고백이 가슴에 닿는다. "고백하건데, 나는 내가 별로/자랑스럽지 못하다."

면서 자기 자신을 "부족함이 많은 사람"이라고 말할 수 있는 사람이 과연 얼마나 될까.

구신자 시인의 참 인간적인 자기 성찰, 자기 고백은 여기에서 그치지 않는다. 시 「경계선」에서 평소 다니던 등산로 산과 산 사이에 포클레인으로 경계 울타리를 치고 돌아가라고 명령하는 안내문을 보고 "너와 나/경계선을 긋고 사는 것은 아닌지" 자신을 되돌아보거나, 팥죽이 먹고 싶어 팥을 삶아 앙금을 내는 과정에서 "용서한다고/이해한다고/화해한다고/없었던 일로 하자고/조용해진 밤이면/다시 가라앉는 알갱이들"(「앙금으로 가라앉아」)을 통해 한 삶이 때로는 용서, 화해, 없었던 일로 되지 않음을 고뇌하기도 한다. 이 고뇌는 단순한 고뇌에 그치지 않고 참회로 이어진다. 다음 시가 그렇다.

잠 못 드는 밤에는
참회를 한다.
어둠속에 조용히 누워 있으면
별을 헤듯이
떠오르는 뉘우침들.
진작 많이 사랑하지 못한
어머니 그리고 아버지.
아이들에게 욕심 부리고

인내하지 못했던 아쉬움.
젊어서 더 적극적으로 살았더라면
지나간 것들은 후회라는 이름으로 남고
나이 들면서
잠 못 드는 밤이 많아지는 것은
낮에 마신 커피 탓이 아니고
참회할 시간이 필요한 까닭인가보다.

-「잠 못 드는 밤」 전문

윤동주는 「참회록」에서 "나는 나의 참회의 글을 한 줄에 줄이자-만 이십오 년 일 개월을/ 무슨 기쁨을 바라 살아 왔던가"라고 고백했다. 누군들 지난날 허물이 없을까. 가톨릭에서의 〈고백기도〉 중에 자신의 가슴을 세 번 치며 "제 탓이요, 제 탓이요, 저의 큰 탓이옵니다"라고 기도를 드리지만, 이 허물을 뉘우치고 참회의 고백을 하기가 얼마나 어려운가. 그러나 구신자 시인은 "잠 못 드는 밤에는/참회를 한다"고 고백한다. "많이 사랑하지 못한/어머니 그리고 아버지"께 참회하고, "욕심 부리고 인내하지 못했던" 아이들에게도 참회한다. 에리히 프롬은 새로운 사회의 기능은 새로운 '인간의 출현을 촉진시키는 일인데, 새로운 인간'의 자질을 스물한 가지로 정리한 바 있다. 그 첫 번째로 "완전하게 존재하기 위하여 모든 소유의 형태를 자진하여 포기하는 의지"를 꼽았다. 브라이언 터너는 "나라는 존재는 자신을 인식할 수 있는 나의 능력과 나에 대한 타인들의 지속적인 인식과 밀접한 관계가 있다."고 밝힌 바 있다. 구신자 시인이 잠 못 드는 밤에 "별을 헤듯이/떠오르는 뉘우침들"은 어찌 보면 존재자로서의 정체성을 확인하는 한 방편인지도 모른다. 이러한 참회를 통한 자아 성찰은 긍정의 힘을 낳고 이어서 생명에 대한 사랑으로 이어진다.

사방이 초록인 숲길을 걷다가
키 작은 오리나무 굵은 잎맥을 들여다보다가
노란 봄꽃이 그리워 생강나무 잎을 만져보다가
키 큰 떡갈나무 잎에 손바닥을 재보다가
분홍 싸리꽃 작고 귀여운 잎을 보다가
아!
물오른 줄기에 싱싱한 싱아 잎을 보다가
참나무를 감고 오르는 넝쿨 담쟁이 잎을 보다가
소나무 목말 타고 신난 아이 같은 칡넝쿨 잎을 보다가
긴 허리 못 이겨 허리 휜 억새 풀잎을 보다가
엉겅퀴 꽃달고 가시 범벅인 뾰족한 잎을 들여다보다가
하얀 아카시아 꽃지고, 도란도란 줄 선 잎을 만져보다가
노란 미나리아재비꽃 잎사귀를 보다가
아!

도무지 하나도 닮은 잎이 없어.
다른 잎을 달고도 잘 어우러진 숲속 나무들 보며
저 아랫동네 아옹거리던
엉겅퀴 같은 여동생 보고 싶은 생각이 나서
연락도 없는 무정한 친구들 생각이 나서
꼬물거리는 손자들보고 싶은 생각이 나서
얼굴 달라도 마음 달라도
서로 그늘이 되고, 바람막이가 되고
햇빛과 달빛도, 바람과 비도 나눠 먹으며
가끔은 목소리가 커지더라도 받아줘야지.

-「숲길을 걷다가」 전문

마치 한 폭의 초록 숲길에 대한 세밀화를 보는 듯 시인의 뛰어난 관찰력이 시각과 촉감의 이미지로 잘 표현되어 있다. 시인은 지금 "사방이 초록인 숲길을" 걷고 있다. 걸으면서 "키 작은 오리나무 굵은 잎맥", "분홍 싸리꽃 작고 귀여운 잎", "물오른 줄기에 싱싱한 싱아 잎", "참나무를 감고 오르는 담쟁이 잎", "소나무 목말 타고 신난 아이 같은 칡넝쿨 잎", "긴 허리 못 이겨 허리 휜 억새 풀잎", "엉겅퀴 꽃 달고 가시 범벅인 뾰쪽한 잎", "노란 미나리아재비꽃 잎사귀"를 들여다보고, 생강나무 잎과 아카시아 잎을 만져보고, "키 큰 떡갈나무 잎에 손바닥을" 재보기도 한다.

이렇게 눈으로 보고 손으로 만지거나 재보면서 시인은 “아!” 감탄하며 새로운 깨달음을 얻는다. 숲에 그 많은 나무와 풀과 꽃들이 “도무지 하나도 닮은 잎이 없”다는 사실, 그리고 그렇게 “다른 잎을 달고도 잘 어우러진 숲속”의 생명에 대한 또 하나의 새로운 발견이 그것이다. 이와 같은 생명의식은 숲속에서 인간 세상사로 전이되어 “얼굴 달라도 마음 달라도/서로 그늘이 되고, 바람막이가 되고/햇빛과 달빛도, 바람과 비도 나눠 먹”겠다고 다짐하기에 이른다.

구신자 시인의 생명의식은 다양하게 확충되는데, “종묘상 앞 좁은 양지에/줄지어 내다 놓은 묘판 상자들/오이, 토마토, 상추, 옥수수, 가지, 호박/어린 모습이 비슷비슷 구별이 어렵고/봄 소풍 나온 아이들 같다.”(「종묘상 앞에서」)거나, 눈발 속에 서 있는 겨울나무들에 대해서 “오직 순수만 품고 서 있는/봄꽃보다 더 찬란한 경건”(「벌거벗은 나무들」)함을 발견하는 경우가 그렇다.

해발 466m.
을미년 정초, 새 맘으로 살자고
혈구산 정상에 선다.
거침없이 확 트인 사방

발아래 내려다보이는 시선이
끝나는 곳은 모두 바다.

구름은 손을 뻗치면
금방이라도 잡힐 것 같다.
여기는
한반도의 중심, 강화도의 중심이다.

나는 단단히 중심에 발을 디딘다.
모든 것이 어긋나지 못하도록

저 아래 티끌만 한 아득한 점이
떠나온 곳, 돌아갈 곳
한없이 작고, 욕심도 가벼워진다.
팔을 벌리고 서면 날 듯도 하다.

추위도 모르는 텃새 서너 마리
사는 곳이 궁금하다.

-「혈구산 정상에서」 전문

강화도의 혈구산穴口山은 이름 그대로 정상에 올라 "확 트인 사방"을 보노라면 힘이 저절로 솟게 하는 살아 숨쉬는 산으로 유명하여 매년 정초면 이곳에 오르는 사람이 많다. 시인도 "을미년 정초, 새 맘으로 살자고" 이곳 정상에 올라 "모든 것이 어긋나지 못하도록" "단단히 중심에 발을" 디디며 "거침없이 확 트인 사방"을 조망한다. 그리고 "저 아래 티끌만 한 아득한 점이/떠나온 곳, 돌아갈 곳/한없이 작고 욕심도 가벼워진다." 정초에 산 정상에 오른 사람들은 대개 자신의 한 해의 염원을 빌기 마련인데, 시인은 무소유와 자신의 몸, 존재 가치에 대해 묵상한다. 이 점은 선암사에서도 "맑은 계곡물 소리 따라/아치형 구름다리 승선문을 지나면/마음도 몸도 씻기고/속세의 걱정은 사라진다"(「선암사에서」)고 말함으로써, 그리고 설악산에서는 설악에 취해 "운명처럼 머물다가/보랏빛 들꽃으로 피어 살아도 좋"(「설악산 울산바위」)겠다고, 시인의 시정신을 보여주고 있다.

마지막으로 서정성이 아주 두드러진 작품 한 편, 「때죽나무꽃」은 사색이 바탕이 된 구신자 시인다운 작품으로 기억될 듯하다.

> 절물 휴양림에
> 심심해서 비가 온다.
> 일없는 사람들 찾아오라고
> 비바람에 때죽나무 하얀 별꽃이
> 은하수처럼 내려와

숲길에 고요를 더하고
나는 빗방울 무늬 우비를 입고
발아래 밟히는 하얀 별꽃으로 좋다.
문득 올려다본 때죽나무는
나처럼 하얀 빗방울 무늬 별꽃을
비옷으로 입고
심심한 빗길에 별꽃을 뿌려
꽃길을 만든다.
뭐 대수롭지 않은 일이라며
겸손한 때죽나무꽃은
늘 고개 숙여 핀다.

―「때죽나무꽃」 전문

때죽나무꽃은 오뉴월 꽃이 한창일 때는 눈이 부시게 하얗다. "하얀 함박눈꽃이 온 세상을 뒤덮으면/무슨 좋은 일이 생길 것 같아/가슴이 뛴다"(「함박눈 꽃이 되다」)던 시인은 지금 제주도의 절물자연휴양림에 와 있다. 그것도 비가 오는 날. 얼마나 조용한지 "심심해서 비가 온다"고 표현한다. "일 없는 사람들 찾아오라고/비바람에 때죽나무 하얀 별꽃이/은하수처럼 내려와/숲길에 고요를 더하"는, 적어도 이 순간만은 완전 독립된 세계로서의 물아일체를 이룬다. 빗방울과 하얀 별꽃에 대한 현존재의 인식이 "나처럼 하얀 빗방울 무늬 별꽃을 비옷으로 입고/심심한 빗길에 별꽃을 뿌려/꽃길을 만”드는 데까지 이르면 다분히 신비적인 느낌을 배제할 수 없게 된다. 그만큼 시인의 시적 사색의 깊이와 생명의식이 잘 스며들어 있다는 의미이기도 할 터이다.